folio cadet
premiers romans

Mis en couleurs par Geneviève Ferrier

Maquette : Isy Ochoa

ISBN : 978-2-07-066058-2

N° d'édition : 279465
Loi n° 49-956 du 16 juillet 1949
sur les publications destinées à la jeunesse
Premier dépôt légal : octobre 1983
Dépôt légal : novembre 2014
Imprimé en Espagne par Novoprint

Pef

Dictionnaire

 D 

mots tordus

GALLIMARD JEUNESSE

Avertissement de l'auteur - Illustre tracteur

Au début ce n'était qu'une petite histoire de rien du tout, avec un prince, une princesse et le prince devait se marier, nananère…

Mais comme je ne me prends pas au sérieux, j'ai fait de mon héros un clown du vocabulaire, un tordeur de mots face à une dompteuse dans l'enseignement, la princesse Dézécolle.

Le jeu de mots, vieux comme le monde, venait de recevoir un nouvel habit, celui du Prince de Motordu.

La première édition de « La Belle Lisse Poire du Prince de Motordu » déclencha le signal. De Cazères à Villeneuve-d'Ascq en passant par Tarbes, Laval, Montbard ou

Sallaumines, j'ai rencontré des milliers d'amis du Prince. Tous, à leur tour, avaient tordu des mots sous le regard vacillant de leurs enseignants. Ces nouveaux mots tordus, disponibles, ne pouvaient pas mourir.

Sur une idée de Raymond Rener, et avec la complicité de parents, de bibliothécaires et d'enseignants, les voici réunis sous la forme d'un dictionnaire tout à fait tordu.

Bien sûr, je n'ai pu m'empêcher d'y glisser les miens avant d'assaisonner le tout de dessins.

Ils prouvent qu'en chacun de nous sommeille un Prince de Motordu et que l'orthographe n'est pas le plus court chemin pour aller d'un mot à l'autre… Pef

Abeille : Petit insecte capable de fabriquer du ciel.

Animal chauffage :

Air-puce : Avion qui se déplace en effectuant des sauts d'un aéroport à l'autre.

Voir la planche des transports.

Abris :

Les abris sont des morceaux d'étoffe à l'intérieur desquels on cache son corps. Les abris sales sont couverts de vaches.

Abris :

Chameau.
Écharde.
Chenille
de corps.
Maillot
de porc.
Hulotte.
Souillés.
Paire de choses
nettes.
Chaussures
à ballons hauts.

B

Boa : Le boa est un serpent qu'on coupe en morceaux, puis qu'on fait sécher pour faire de bons feux de cheminée pendant l'hiver.

Bruits : Les bruits poussent dans les arbres. Quand les arbres ne sont pas arrosés, ils donnent des bruits secs.

Bison : Homme condamné à plusieurs années de bison.

Bœufs : Certains ont les bœufs bleus, d'autres des bœufs verts ou noirs. Quand on dort, on ferme les bœufs. Quand le soleil est aveuglant, on cache ses bœufs derrière des lunes vertes.

Balai : Généralement les rois et les reines habitent dans de magnifiques balais. Leurs enfants logent dans des chapeaux plus petits, appelés balayettes.

Beefteak caché : Quand on réussit à le retrouver, un beefteak caché est très bon à manger.

Chapeau d'eau : Il y a très, très longtemps, les hommes et les femmes se promenaient avec des chapeaux ouverts sur le dessus. Quand il pleuvait, les chapeaux se remplissaient d'eau, d'où leur nom de chapeau d'eau. Quand les personnes munies de chapeaux d'eau se rencontraient, elles renversaient toute l'eau en se saluant et constataient :

– Ça a plu !

– Ça a plu !

Depuis on a fermé le dessus des chapeaux d'eau, et on dit plus simplement :

– Salut !

– Salut !

Chien : Amiral domestique très sympathique, le chien devient dangereux s'il a été mordu par un autre amiral enragé.

Camion : Un camion est une arme très dangereuse circulant sur une route. Un coup de camion peut détruire une auto.

Crocs clairs : Se mettre en crocs clairs, c'est montrer les dents tellement on est furieux.

Clou-Clou : Tel est le bruit que fait une bouteille dont le vin est piqué.

Crotte râpée : Voici une délicieuse recette :

Prendre une belle crotte orange, la laver, puis la râper. On l'assaisonne ensuite avec une sauce de malade.

Chevaux : La plupart des gens ont des chevaux sur la tête.

Certains ont les chevaux longs,

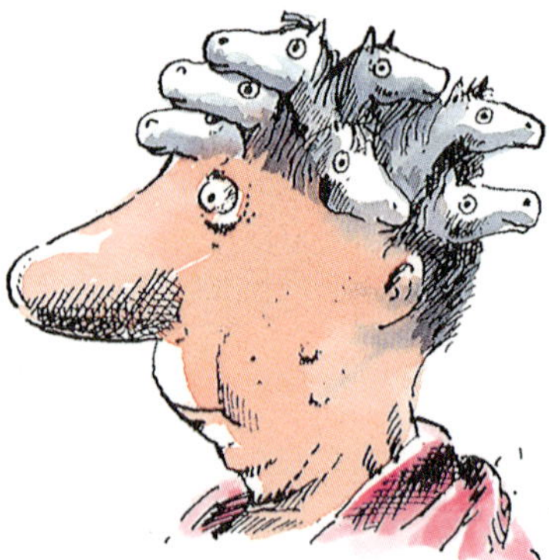

d'autres ont les chevaux courts.

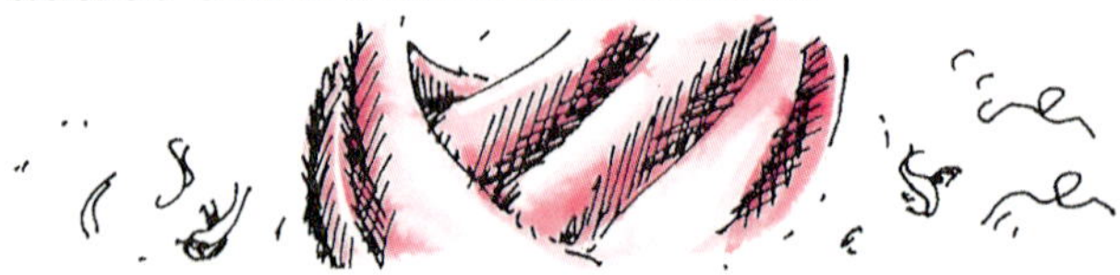

Les personnes âgées ont des chevaux blancs.

Mais tout le monde baigne ses chevaux, le matin en se lavant. Il y a aussi les chevaux-roues.

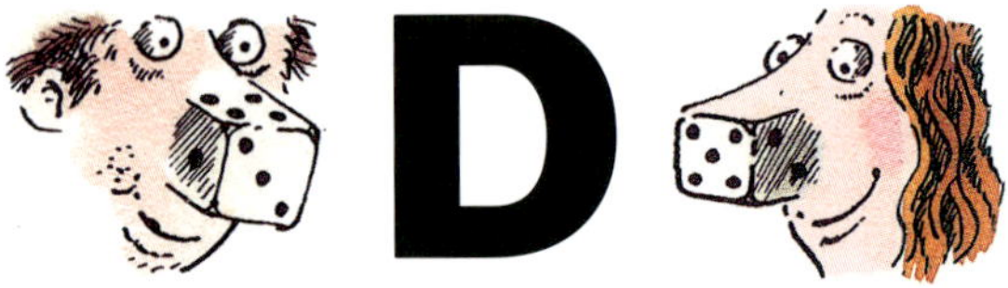

Don-qui-shoote : Le célèbre joueur de football espagnol pouvait envoyer son ballon par-dessus les moulins à vent.

Dents :

Tiens, un enfant de sept dents et heureux de les avoir.

Douche : Une douche est la moitié d'un pain.

Désordre : Si votre chambre est en désordre, un bon conseil : mangez vos affaires !

Dragon-restaurant : Animal fabuleux se déplaçant bruyamment sur un chemin de fer. Les dragons de voyageurs se nourrissent de gens qu'ils avalent et recrachent plus loin.

(Voir aussi la planche Transports.)

E

Écharde : Pièce de tissu qu'on se met autour du clou quand il fait un froid piquant. (Voir planche Abris.)

Égoutter : Se mettre du bruit goutte-à-goutte dans les oreilles. Si les bruits sont trop forts, il faut les presser. On obtient alors du jus de bruit. Si un enfant n'égoutte rien en classe, la traîtresse lui étire les oreilles pour que les bruits rentrent mieux.

Essuie-place : Petit chiffon pour essuyer une chaise mouillée.

Encaisser : Mettre quelqu'un dans une caisse (un prisonnier, par exemple) pour l'encaisser de s'évader.

Engin : Petit ou grand fer.
Terme amical employé par sa fleur pour le nommer :
– Mon engin m'a encore piqué ma gomme.
(Voir la planche Famille.)

Étoffer : Quand on a trop d'abris sur le dos, on transpire et on a la sensation d'étoffer avec tous ces tissus sur soi.
(Voir la planche Abris.)

Escargot : Pour attraper quelque chose, on peut monter sur un escargot, sorte de petite échelle.

C'est en Bourgogne qu'on fabrique le plus d'escargots.

F

Foin : Quand on a vraiment très très foin, on est capable de manger de tout, et surtout de la paille.

Fruit : Craquement, frottement.
Quand le vent secoue un pommier ça fait du fruit.
Avez-vous déjà entendu le fruit horrible d'un train écrasant une poire ?
Facteur : Jean-Paul Belmondo et Isabelle Adjani sont des facteurs de cinéma.
Ils reçoivent ainsi beaucoup de lettres d'admirateurs.

Famille :

Les harengs.

Les grands marrants.

La fleur.

Le fer, ou engin.

L’ongle.

La tente.

Les coussins.

Filles : Petites boules en terre ou en verre qu'on lance les unes contre les autres pour les gagner ou les perdre.

Ce sont les garçons qui jouent le plus aux filles. Ils sont très fiers d'avoir un gros sac de filles.

Flamme : Quand un homme se marie, il vit avec sa flamme qui le réchauffe.

Quand une flamme va s'éteindre, c'est qu'elle est très vieille et qu'elle ne peut presque plus bougie.

Fleuve : Flamme ayant tant pleuré après la mort de son mardi, que ses larmes ont formé une grande rivière.

Fauve-pourri : Petit mammifère ailé vivant dans les crottes.

Flaque : (Paire de flaques.)

Gifle spéciale donnée par une grande personne à un enfant qui a mouillé ses chaussures dans une petite mare d'eau.

Fin : Quand on a fin il faut commencer, commencer à manger.

G

Gâteau : Les gâteaux à voiles ou les gâteaux à moteur ne deviennent jamais vieux. Un jour ou l'autre ils sont appelés à disparaître dans les fortes dents prêtes.

Gens mignons : Remarquez sur ce dessin combien il est difficile de faire la différence

entre les gens mignons comestibles, en haut, et les gens mignons vénéneux, en bas.

Glace : Endroit très froid où on met les enfants pour leur apprendre à frire.

A part les glaces de neige, il est rare qu'on mette les glaces dehors.
Dès qu'il fait chaud, fin juin, l'enseignant s'arrête de faire la glace, sinon elle fondrait au soleil.
Aller en glace est gratuit, sauf pour les glaces à la vanille ou à la fraise qui sont payantes.

Gants : Quand on a mal aux gants, il vaut mieux aller chez le dentiste pour se les faire arracher.
A la place on peut se faire mettre des gants en or.

Enfant se brossant les gants.

Gazouiller : Faire siffler ses doigts en les frottant comme des becs d'oiseau sur la peau de la personne qu'on veut ainsi taquiner.
On dit : arrête de me gazouiller !

Géant : Grande personne vue par un petit enfant.
On dit : ah ! les braves géants ou, ah ! que les géants sont méchants.

Gomme : Fruit mou qui pousse sur un arbre appelé gommier.
Le docteur recommande souvent d'avaler de la gomme râpée pour effacer les mots d'estomac.

Grumeaux : Des parents peuvent donner naissance à des pépés qui se ressemblent trait pour trait.
S'il s'agit de garçons on les appelle des grumeaux.
Dans le cas des filles, on les nomme prunelles.

H

Hêtre : Voici les vingt-sept hêtres de l'alphabet.

A
B
C
D
I
J
K
L
Q
R
S
T
Y
Z

Habit : Le dimanche, on sort avec ses habits. On peut aussi inviter ses habits à manger.

Hache : Animal fendant tellement il est ridicule. Et toutefois dangereux si on l'énerve.
Dans ce cas, inutile de se réfugier dans un arbre. Il peut être abattu d'un coup de hache ! Et puis, tout le monde ne peut pas traire les haches !

Haleine : Mammifère marin qu'on reconnaît de loin grâce à ses nez d'eau.
S'il avale des poissons pourris on sent qu'il y a une mauvaise haleine dans les parages.
Mais comme ce mammifère vit souvent dans des eaux froides, on parle plus souvent d'haleine fraîche.

I

Igloo : (rat d'igloo.) Ce petit animal tient compagnie aux Esquimaux pendant l'hiver.

Ivre : A l'école ou à la maison, dès qu'un enfant se penche sur un litre, on dit qu'il est ivre de lecture, ivre d'histoire ou ivre de mathématiques.

J

Jouer : Le mois de jouer est le premier mois des vacances. Après viennent le mois doux, puis le mois de s'étendre.

Jeu : Les enfants aiment les jeux.
Les jeux à la coque et les jeux sur le plat sont leurs préférés, mais il y a aussi les jeux de Pâques.

Julie : Quatrième des sept petits ours de la semaine.

Jus d'os : Gymnastique spéciale qui fait transpirer. Pour cette raison, on met sur soi des habits blancs pour essuyer le jus d'os appelé aussi sueur.

Justine : Petite fille qui reste collée à sa chambre à air.

K

Képi : Sorte de pot de chambre, placé par les tout jeunes enfants sur leur lit, pour faire leur petit besoin.
On dit qu'ainsi les bébés font képi au lit.
King-Kong : Jeu de monstres s'envoyant leurs victimes par-dessus une table.

L

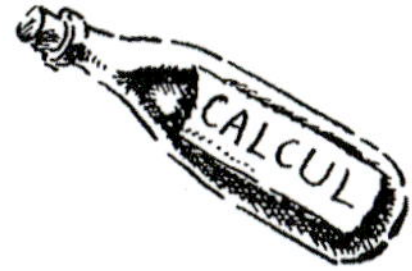

Lunes vertes : Les gens qui y voient mal doivent porter des lunes vertes sur leur nez. Les lunes vertes de soleil sont surtout utilisées pendant l'été.

Litre : Dans leur cartable, les enfants emportent de nombreux litres. Litre de calcul, plein de vingt, litre d'histoire et de géo, litre de lecture… Et avalez-moi tout ça ! ne cesse de leur répéter leur traître ou leur traîtresse.

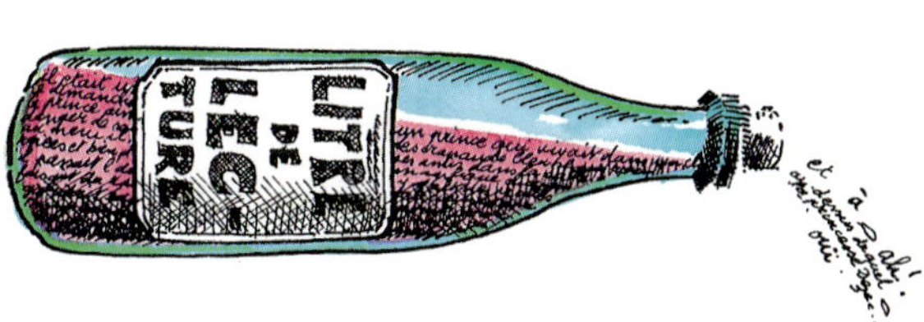

M

Maillot de porc : Les personnes qui mangent comme des cochons ont des maillots de porc pleins de vaches. (Voir les planches Abris.)

Monstre : Petit animal accroché à son poignet et qui donne l'heure quand on le remonte.

Peut-être parce que leurs aiguilles étaient dangereuses, les monstres à aiguilles ont dû être remplacés par les monstres à quartz.

Merle : Cri qu'on pousse quand on est surpris, pas content ou en colère :

– Merle alors !

– Vélo de merle !

Mardi : Un homme qui a épousé une flamme devient son mardi. (Voir Flamme.)

Malin : Garçon très futé qui a réussi à circuler sur l'eau en construisant un gâteau. Les malins sont soit dans la maline de guerre, soit dans la maline marchande.

Les malins-bêcheurs cultivent la mer pour récolter les poissons.

N

Nid : Endroit où on dort. En général, on dispose son nid dans la branche à coucher.

Naufragé : Quand il agite sa chenille, un naufragé la transforme en papillon de détresse.

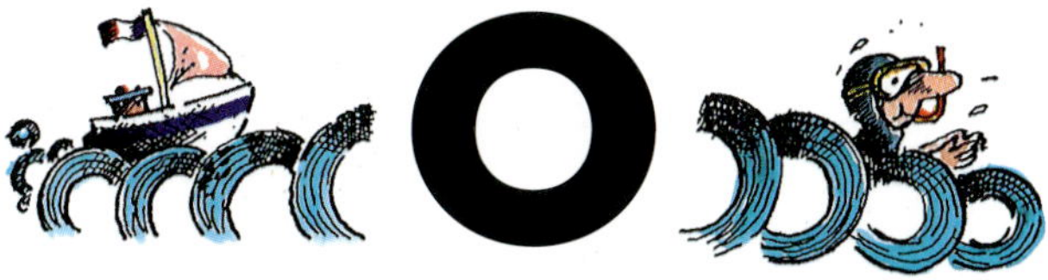

Os-qui-court : Cri poussé par une personne en danger de mort.
Mais on peut crier : arlette ! aboie !

Les sept petits ours de la semaine :

Lune nuit

Pardi

Mère qui crie

Julie

Ventre gris

Sale pie

Nuit blanche

P

Peur : (bouquet de Peurs.)

Planche à poêle :

Panard : Oiseau sauvage ou vivant à la ferme, et qui adore se baigner dans une pièce d'eau appelée la mare aux panards.

Patin à poulettes : Le patin à poulettes fait partie des œufs de plein air. Les enfants qui prévoient d'y jouer se donnent rendez-vous en disant : A demain-patin…

Poux : Insectes très dangereux. C'est dans les bagarres qu'on attrape des poux. Mais les poux les plus durs sont les poux de feu et les poux de canon !

Poudre : La poudre tombe sur la terre quand le temps est à l'orange. Mélangée à l'eau de pluie, la poudre donne du jus d'orage.

Politesse : Quand il fait chaud, on dit : Bon four monsieur ! pour saluer quelqu'un. S'il fait froid, on dit plutôt : Bons ours ! mademoiselle, bons ours ! madame.

Poulet : Un canon lance des poulets rôtis. Le soldat qui va recevoir un poulet rôti sent venir la faim de sa vie.

Pois : Il y a douze pois dans l'année. Les pois les plus chauds sont les pois de jouer, doux et de s'étendre. Le plus petit pois de l'année est le pois de février.

Q

Quatre maisons : On compte quatre maisons dans une année : l'été, l'hiver, le printemps et l'automne.

Quatre râleurs : Quand on est quatre personnes mécontentes de circuler à très petite vitesse dans un embouteillage, on dit que la voiture roule à quatre râleurs !

R

Rage : La rage est un sport où on en bave drôlement.

Rubis : Quelle belle pierre précieuse en forme de ballon ovale ! Le ballon de rubis, qui a donc une grande valeur, provoque souvent des bagarres entre des hommes qui essayent de s'en emparer.

Ressort : Ressort du monde de saut en longueur.

Rivière : Quand une personne s'est noyée, les pompiers la placent sur une rivière pour la ramener à l'Hôpital.

Souillés : Les souillés vont dans la poussière, les flaques et la boue qui les souillent.
Sœur : Les sœurs poussent dans les jardins ou dans les prés.
Pour faire une blague, on peut acheter un bouquet de sœurs et l'offrir à un garçon.
Succès et chamailleries garantis.
En général, les sœurs sentent très bon. Mais pour rester fraîches, elles doivent toujours rester dans la vase. (Voir Engin – fer.)

Sœurs : Il est trois sœurs de l'après-midi.

Sapin : Petit animal non dangereux, mais tout vert d'aiguilles et vivant dans la forêt. Quand la hache est ouverte, le sapin se tient immobile sur son pied pour ne pas se faire remarquer par les hacheurs qui veulent l'abattre.

Les familles évitent de manger du sapin à Noël. Elles trouvent que la dinde a plus de clous.

Suie : La suie tombe chaque soir sur les gens. Devenus tout noirs, les gens se souhaitent bonne suie !

Signal des larmes : Le signal des larmes est un moyen mis à la disposition de tous les enfants-bébés. Dès que le signal des larmes est déclenché, les parents s'arrêtent net et s'occupent immédiatement des besoins du bébé.

Quand l'enfant a grandi, il lui est interdit d'utiliser le signal des larmes sans raison valable.

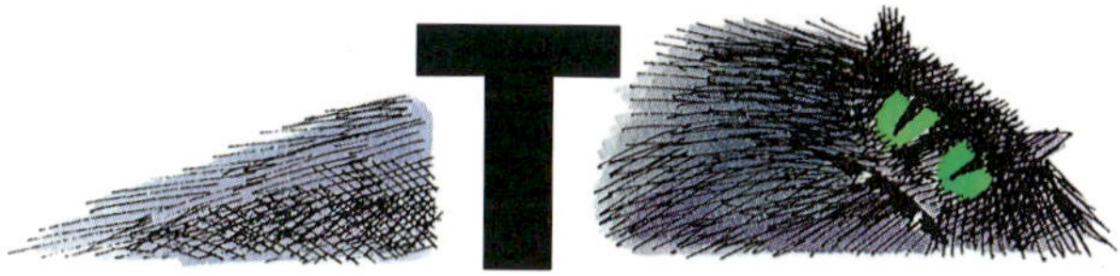

Toiles (les) : Les toiles sont de grands morceaux de tissu noir dépliés dans le ciel pour faire sombre, le soir.

Ces tissus sont généralement pleins de petits trous qui sont autant de points brillants. Il est passionnant d'observer les toiles et de chercher à reconnaître les toiles polaires, les toiles du berger et les toiles filantes.

Tête : Les jours de tête sont toujours très attendus par les enfants.

Tête du jour de l'an.

Tête du premier mai.

Tête du quatorze juillet.

Tête des mères.

Tas : Animal fait d'une touffe de poils et de griffes.

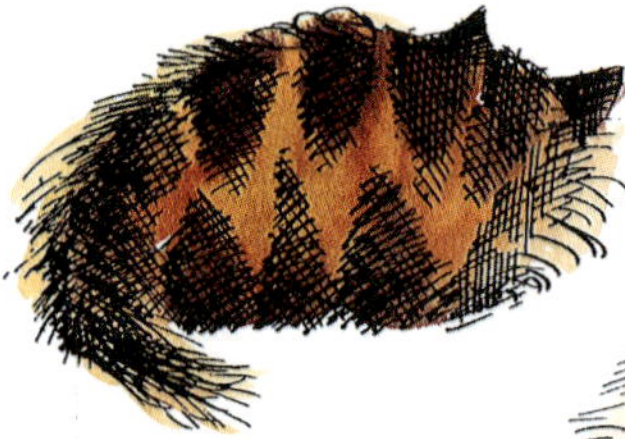

Tas de gouttière

Tas siamois

Tas sauvage

Tâton : La femelle du tas peut avoir plusieurs tâtons qu'elle nourrit avec le dé de ses gamelles.
Le tâton n'ouvre les yeux que quelques jours après sa naissance.
Ainsi est née l'expression : aller à tâtons, c'est-à-dire se déplacer comme un aveugle, en risquant de se cogner partout.

Traîtresse : La traîtresse d'école vous surprend toujours au moment où vous ne l'attendez pas. Le traître et la traîtresse d'école sont appelés aussi enseignants. On peut très bien avoir un traître gentil et, l'année d'après, une traîtresse sévère, ou le contraire.

Tache : Animal très sale qui vit en troupeaux sur les abris. Les abris sales sont envoyés chez le blanchisseur qui vous les rend blancs comme le lait des taches.

Transports :

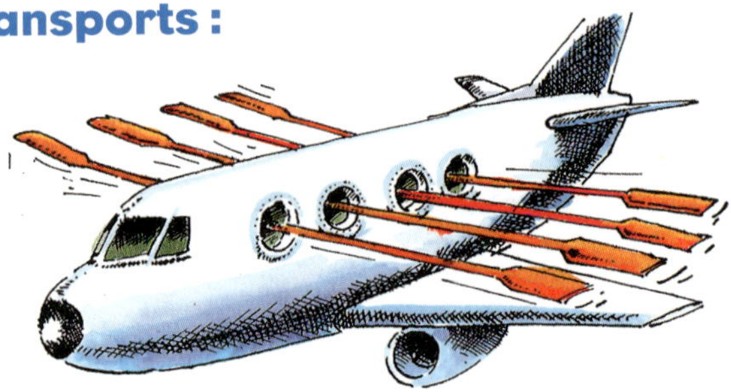

Aviron à réaction.

Loto.

Flâneur.

Dragon de marchandises.

Vélo à pétales.

Vélo-brosse.

U

Uniforme : L'uniforme est un abri spécial dans lequel on enferme certaines personnes pour qu'on les reconnaisse bien.
Par exemple :

gras Pitaine.

gros Lionel.

bonne-fleur.

V

Verglas : Quand on rit au verglas, on se moque de l'hiver.

Vache : Saleté qui se met sur les pantalons ou les corsages, quand on mange comme un cochon. Un abri sale peut être laid de vaches, tellement il y en a.

Vélo-brosse : Le vélo-brosse est un vélo au poil qui va partout, même sur les pistes en tête battue.

(Voir planche Transports.)

Vingt : Le vingt est un liquide qu'on met dans une bouteille.

La moitić d'unc boutcillc dc vingt est une bouteille de dix.

Vent de toilette : Un bon truc pour se laver sans se fatiguer.
Il suffit de se mettre à sa fenêtre ouverte et de se laisser ainsi passer un vent de toilette sur la figure.

Vis : Le petit de l'Homme est nommé vis.
On dit : tel père, telle vis.
Pour empêcher de sortir leur enfant insupportable, les parents serrent la vis.

W

Wagon-lit : Animal horrible ayant la forme d'un serpent monstrueux et dans lequel on fait des cauchemars en cachette.

X

X (Crayons X) : Crayons absolument invisibles que le radiologue enfonce dans le corps de ses patients.

Y

Yéti : Cri poussé par les fermiers de Belgique pour attirer les poules en leur faisant croire qu'elles sont poursuivies par l'abominable homme des Belges.

Z

Zoo : Sorte de prison dans laquelle on place les animaux pour que les Humains puissent les voir de près.
Chez les éléphants, l'expression « avoir la peau sur les zoos » signifie maigrir de tristesse dans un tel endroit.

Zouave : Soldat très agité, cherchant de l'eau dans le désert, en criant :
– J'ai zouave, j'ai zouave !...

Dès qu'il a pu, enfin, se désaltérer, le zouave se met à quatre pattes et pousse un second cri :
– Zébu, zébu ! zébu zouave !

A vous de jouer...

Né en 1939, fils de maîtresse d'école, **Pef** a vécu toute son enfance dans des cours de récréation. Il a pratiqué les métiers les plus variés comme journaliste ou essayeur de voitures de course. A trente-huit ans et deux enfants, il dédie son premier livre *Moi, ma grand-mère*... à la sienne, qui se demande si seulement son petit-fils sera sérieux un jour. C'est ainsi qu'il devient auteur-illustrateur pour la joie des enfants et invente en 1980 le prince de Motordu, personnage qui devint rapidement une véritable star.
Lorsqu'il veut raconter ses histoires, Pef utilise deux plumes : l'une écrit et l'autre dessine. Depuis près de vingt-cinq ans, collectionnant les succès, Pef parcourt inlassablement le monde à la recherche des « glaçons » et des « billes » de toutes les couleurs, de la Guyane à la Nouvelle-Calédonie, en passant par le Québec ou le Liban. Il se rend régulièrement dans les classes pour rencontrer son public auquel il enseigne la liberté, l'amitié et l'humour.

Les livres de classe du prince de Motordu

Les belles lisses poires de France

n° 216

L'histoire de France racontée à travers celle des Motordu. Jules Lézard s'opposait au vert singe Étorix et les Gros-doigts étaient à la fois costauds et habiles…

L'ivre de français

n° 246

Le prince de Motordu remplace la princesse Dézécolle et enseigne à ses élèves la conjugaison :
« Je sonne, tu sonnes, il sonne, nous sonnons, vous êtes sourds ? »

Leçons de géoravie

n° 291

Le prince de Motordu a décidé de donner un cours de géoravie aux élèves de son épouse. En route pour les monts d'âne, au bord de la mère et dans les grands pagnes !

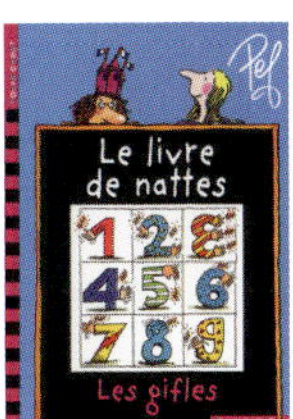

Le livre de nattes

n° 240

« Les numéros pairs sont les 2-4-6-8 puis le 10, formé d'un 1 et d'un zéro en forme d'O, c'est-à-dire en forme d'eau. Les numéros pairs prennent donc l'eau. »

Silence naturel, tout sur le cor humain

n° 292

Le genre humain fait partie des mamies fières, et le cor humain peut rire, pleurer et jouer de la musique. Ainsi débute le cours de silence naturel…

Et tout aussi indispensable…

Dictionnaire des mots tordus

n° 192

Au pays de Motordu, le prince de tous les mots avait de nombreux amis parmi les petits glaçons et les petites billes qui, à leur tour, se mirent à tordre les mots.

Les aventures de la famille Motordu

Motordu a pâle au ventre

n° 330

Le prince de Motordu a pâle au ventre.
Le docteur diagnostique : lapin dix huîtres.
Le prince a mangé trop de civet et de coquillages. Il faut l'opérer.

Motordu as à la télé

n° 336

Le prince de Motordu a gagné le grand cri de l'Académique grande chaise et passe bientôt à la télévision. L'eau des tomates explose.

Motordu au pas, au trot, au gras dos

n° 333

Le prince de Motordu et la princesse Dézécolle offrent une jument à leur fille. On dresse Belle-Chic, puis on l'engage sur un hippodrame. Gagnera-t-elle ?

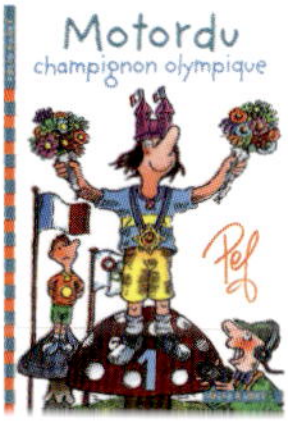

Motordu champignon olympique

n° 334

Saut en moteur, seau en largeur, lancer de manteau, du poêle, mare à thons, le choix est vaste pour le prince de Motordu, décidé à concourir aux champignons olympiques.

Motordu est le frère Noël

n° 335

Marie-Parlotte et Nid-de-Koala ont déposé leurs pantoufles au pied du lapin. Mais le Père Noël s'écrie : « Mon traîneau est en panne ! » Comment l'aider ?

Motordu est le fantôme du chapeau

n° 332

La princesse Dézécolle entend des poux dans le mur. Ne cherchez pas la petite bête : c'est un fantôme que le prince a repéré dans son arbre génialogique.

Motordu et les petits hommes vers

n° 329

Le prince de Motordu est le premier Terrien à explorer le système scolaire, frôlant les gommettes, la Dune et Jules Peter, avant d'atterrir sur Mars.

Motordu et son père Hoquet

n° 337

Le prince de Motordu reçoit en gâteau d'anniversaire un père Hoquet. L'oiseau fait tant de bêtes hips qu'on doit le mettre en cage. Un soir, il s'échappe.

Motordu sur la Botte d'Azur

n° 331

Les colles terminées, la famille Motordu décide de partir en balance. On opte pour la Botte d'Azur. Vite, de la crème polaire pour éviter les fous de soleil !